OMNIS † LAUDET
SPIRITUS † DOMINUM

ŒUVRE DES ORPHELINATS ET ÉCOLES APOSTOLIQUES

DES RÉVÉRENDS PÈRES DE MOURON, O. S. B.

NOTICE SUR LA MISSION ARMÉNIENNE CATHOLIQUE DE DEIR-ELZOR (SYRIE)

PROMENADE

SUR LES BORDS DE L'EUPHRATE

EN MÉSOPOTAMIE

Par Monseigneur NERCÈS VARTABED

Avec Notes du Frère LÉONCE, M. C., — O. S. B.

Prix : 1 franc

AU PROFIT DES ÉCOLES DE LA MISSION

ROCHEFORT-SUR-MER
SOCIÉTÉ ANONYME DE L'IMPRIMERIE CH. THÈZE, RUE CHANZY, 123

1891

OMNIS ✝ LAUDET
SPIRITUS   DOMINUM

ŒUVRE DES ORPHELINATS ET ÉCOLES APOSTOLIQUES

DES RÉVÉRENDS PÈRES DE MOURON, O. S. B.

NOTICE SUR LA MISSION ARMÉNIENNE CATHOLIQUE DE DEIR-ELZOR (SYRIE)

PROMENADE

SUR LES BORDS DE L'EUPHRATE

EN MÉSOPOTAMIE

Par Monseigneur NERCÈS VARTABED

Avec Notes du Frère LÉONCE, M. C., — O. S. B.

Prix : 1 franc

AU PROFIT DES ÉCOLES DE LA MISSION

ROCHEFORT-SUR-MER
SOCIÉTÉ ANONYME DE L'IMPRIMERIE CH. THÈZE, RUE CHANZY, 123
—
1891

UN MOT D'AVERTISSEMENT

Il y a quelques jours, le zélé Frère Léonce, des Missions d'Arménie, me priait de revoir la deuxième édition de la *Promenade sur les bords de l'Euphrate*, de Mgr Nercès, et de corriger les notes qu'il croyait y devoir ajouter, me laissant, d'ailleurs, toute latitude pour ajouter moi-même, tailler, retrancher ou disposer à ma façon. J'ai largement usé du droit de correcteur, sans vouloir cependant modifier le style ni remanier certaines formules étrangères ; nos lecteurs seraient fâchés si j'ôtais à ces récits l'arôme parfois singulier qui les pénètre de la saveur locale. Et nous, Bordelais, serions-nous contents, si, dans notre prose française, l'on ne devinait pas un peu le terroir gascon ? J'estime qu'il faut, de même, laisser à nos frères d'Arménie leur français oriental.

L'Abbé H[te] CAUDÉRAN.

EXTRAITS

Des lettres de Mgr Nercès Vartabed au Frère Léonce

Deir-Elzor, 13 octobre 1889.

Très cher Frère,

J'approuve votre grande prudence dans toutes vos démarches. Cela indique que votre intention est pure et que vous ne travaillez que pour l'intérêt du prochain et le salut des âmes.

Courage ! donc, cher Frère, courage ! encore une fois, travaillez pour le bon Dieu, même sans succès. Car tout travail qui n'est pas pour notre Dieu, ne sert de rien pour la vie future, qui est notre unique but.

9 novembre 1889.

Je regrette de ce que vous trouvez partout des difficultés pour votre quête. Mais cela ne fait rien. Cher Frère, il ne faut pas vous décourager, puisque, si nous n'aboutissons pas à avoir un bon résultat, nous aurons, du moins, le mérite d'avoir travaillé pour le bon Dieu, et c'est notre principal but.

Vous me dites que vous avez enfin pu m'envoyer quelque secours, et cela grâce à cette bonne famille où vous avez logé pendant huit jours. Je la remercie infiniment par une lettre toute spéciale, et je commence, selon votre désir, à lui donner un bon souvenir dans mes prières et celles de mes diocésains.

Je vous vois obligé de quitter la Belgique depuis la terrible catastrophe d'Anvers, *fiat voluntas Dei*, et que l'Ange Raphaël vous accompagne.

Malgré les nombreuses difficultés que vous rencontrez partout, tâchez toujours, cher Frère, de me procurer quelques ressources spéciales, puisque, pour ma subsistance personnelle, je ne puis obtenir que cela et point d'autres revenus (1).

Juin 1890.

Je suis enchanté de trouver en votre personne respectable un coadjuteur plein de zèle qui, du fond de l'Europe, me donne un gage de fidélité

---

(1) Cette phrase serait incompréhensible, si l'on ne savait que les vrais moines en Orient observent à la rigueur le vœu de pauvreté, ne vivant que d'aumônes spécialement destinées à leur subsistance.

et un entier dévouement envers ma pauvre Mission : ce qui me console beaucoup dans mes peines et m'inspire un grand courage à supporter mes travaux apostoliques avec énergie. Et à vous, mon très cher Frère coadjuteur, ce zèle sera une grande source de bénédictions célestes qui vous aident énormément à opérer votre salut et à gagner une couronne de gloire de plus dans le patrie des élus.

Je vous envoie ci-inclus renouvellement de la lettre d'obédience que vous désirez ; j'espère en Dieu que celle-ci vous aidera beaucoup à ramasser de plus grands fonds.

Je vous embrasse de tout mon cœur, très cher Frère, et me recommande à vos bonnes prières, et soyez sûr que je ne manquerai pas de prier pour vous avec tous mes petits *orphelins*.

15 mars 1891.

Faisons, à la volonté de Dieu, tout ce que nous pouvons. Croyez bien que je tiens à vos secours, puisque, vous le savez bien, j'en ai tant besoin.

Je vous remercie infiniment de votre bonne volonté et de votre zèle infatigable pour la cause de Dieu. Je vous remercie infiniment de ce que, malgré vos insuccès, vous ne m'oubliez pas. Non, très cher Frère, vous n'êtes pas de ceux dont on peut dire : Loin des yeux, loin du cœur. Courage donc, et confiance en Dieu ! Si le succès n'est pas certain, du moins la récompense est bien sûre, et si vous n'obtenez pas le mérite d'un bon résultat, vous obtiendrez du moins le mérite d'avoir travaillé à la gloire de Dieu sans résultat. Pour moi je ne compte que sur votre bonne volonté et votre confiance en Dieu. Courage, encore une fois, et en avant ! Notre Dieu est avec les faibles ; plus les difficultés seront nombreuses, plus il bénira vos pas.

A Dieu, très cher Frère, et dans l'attente de vos chères nouvelles, je vous embrasse de tout mon cœur, et vous dis,

Infimus frater et amicus in X^{to}

NERCÈS VARTABED,

Vicaire patriarcal arménien catholique de Deir-Elzor.

NOTICE SUR LA MISSION DE DEIR-ELZOR (SYRIE)

PROMENADE

SUR LES BORDS DE L'EUPHRATE

EN MÉSOPOTAMIE

Par Monseigneur NERCÈS VARTABED

Avec Notes du Frère LÉONCE, M. C., — O. S. B.

Avant de commencer notre voyage, nous devons, cher lecteur, vous dire un mot des Missions de l'Orient, soutenues et entretenues par les aumônes des fidèles catholiques, et qui ont pour but de combattre le schisme oriental, si fortement appuyé par la Russie ; de lutter surtout contre l'influence protestante de l'Angleterre et de l'Allemagne ; de conserver la foi chez les populations catholiques de l'empire Ottoman. Le champ est immense et le travail fort ingrat : raison de plus pour l'entreprendre. Ainsi le pensent le Saint-Siège et la Propagation de la Foi, forts de l'appui de la France, qui a porté le progrès dans ces contrées et qui permet, par les aumônes qu'elle y envoie, de construire des églises, des hôpitaux ; de fonder des écoles. Aussi la langue française figure dans les programmes des collèges au même rang que l'arabe. Nos classiques sont entre les mains des enfants ; et l'on peut ajouter que les Arméniens et les Maronites sont les Français d'Orient.

Voici notre marche : l'école d'abord, puis les œuvres de charité, et partout et en tout l'enseignement catholique. On objectera peut-être : « Pourquoi ne pas prêcher immédiatement l'Evangile ? » Pourquoi, parce que les Orientaux, scandalisés par la conduite de nos frères d'Europe, ne nous croiraient pas. Malgré leurs ténèbres et leurs vices, hélas ! bien nombreux, ils se croient meilleurs que nous ; il faut qu'ils voient, pour constater la supériorité de la religion catholique sur l'islamisme et sur les cultes dissidents : l'école et les œuvres de charité sont donc les deux armes qui doivent tuer les préjugés.

Autrefois, catholique et mécréant étaient deux mots ayant le même sens : aujourd'hui, ce n'est plus la même chose. Les Musulmans, témoins du dévouement des Missionnaires et de nos Sœurs pour le soin des malades, des infirmes, nous considèrent comme des envoyés du Ciel pour venir les secourir, comme autrefois l'ange Raphaël chez Tobie. On nous traite avec respect, et les manques d'égard ne sont plus qu'une exception. Il serait agréable de suivre, à travers les siècles, cette longue chaîne de bienfaits publics créés et entretenus par la charité chrétienne. Si les bornes de ce petit voyage nous interdisent un semblable travail, elles permettent au moins de l'esquisser.

« — Assez, nous dira-t-on, nous savons où vous voulez en venir ; « vous nous vanterez outre mesure les Œuvres étrangères, asiati-« ques ou autres, afin d'attirer nos ressources hors de France et de « frustrer d'autant nos établissements hospitaliers. Est-ce qu'autour « de nous les misères n'abondent pas ? C'est toujours à la France « et à ses catholiques voisines que l'on s'adresse, à la Belgique, à la « Hollande, comme si elles étaient chargées de faire vivre le monde « entier. »

Que l'on veuille bien nous écouter jusqu'au bout. Vous désirez que les pauvres de France profitent de vos aumônes. Nous sommes d'accord avec vous, et nous vous proposons de consacrer à de pauvres enfants de France un peu de votre superflu. Si votre charité daigne nous écouter, vous favoriserez en même temps nos Missions d'Orient. Malgré tous ses soins, toutes ses dépenses écrites au budget ; malgré toutes les fêtes données dans ce but, l'Etat ne peut secourir tous les orphelins ; les hospices libres eux-mêmes sont obligés d'en laisser un grand nombre au dehors, de telle sorte qu'une maison nouvelle est toujours accueillie, auprès des grandes villes surtout, avec autant de bienveillance que de gratitude. Les Missionnaires d'Arménie ont depuis longtemps rêvé d'une nouvelle Ecole apostolique française où des orphelins seraient élevés tout exprès pour leurs diocèses. Les commencements sont durs. Nous croyons pourtant toucher à notre but ; déjà près de deux grandes villes de France on met à notre disposition des terrains à cultiver, des maisons inhabitées. C'est là que nous voudrions recueillir nos petits frères deshérités, selon que nos ressources le permettront. Notre ambition est grande. Réussirons-nous ? Sans doute, si votre bon cœur consent à nous secourir. Dans quelques années ces chers enfants, devenus nos collaborateurs, prêtres ou laïques, selon que la Providence aura décidé, passeront les mers pour aller aux pieds de l'Ararat ou sur les bords de l'Euphrate, les uns prêcher l'Evangile, les autres porter les inventions, les progrès et l'amour de France. Œuvre française, œuvre arménienne tout à la fois, c'est pour elle que nous quêtons !

Nous vous avons promis un voyage, venez, vous allez connaître les belles contrées que civiliseront vos protégés (1).

Nous commencerons notre petite promenade par les bords de l'Euphrate, et nous vous prions de vous transporter par la pensée à proximité de ces villes dont les nombreux pélerins de la Palestine vous ont maintefois narré la description, mais jamais assez. Le chef-lieu de cette mission s'appelle Deir-Elzor.

---

(1) Le texte qui suit est celui d'une conférence de Mgr Nercès, prononcée le samedi, 16 février 1889, à la Société de Géographie de Bordeaux. Nous en l'avons que fort peu modifié (F. L.)

Cette ville est située aux confins de la Syrie, ou, pour mieux fixer vos idées, sur les bords de l'Euphrate, entre l'Irak-Arabie, la Mésopotamie et la Syrie. Perdue au milieu du désert et des Bédouins, Deir-Elzor est à peu près à égale distance d'Alep, d'Ourpha (Édesse), de Diarbékir, de Mardin, de Mossoul. Elle est peuplée de quinze mille habitants et progresse de jour en jour. Des chrétiens de tous rites, de toutes nations : Arméniens, Grecs, Syriens, Chaldéens, Maronites, Latins, Musulmans, viennent s'y établir et se livrer au commerce. Il y a trente ans, cette ville de l'empire Ottoman n'existait pas et la région ne pouvait être traversée sans danger, exposé que l'on était aux attaques des Bédouins.

Depuis que le gouvernement a ouvert ce pays, Deir-Elzor est la route la plus suivie et la plus courte pour aller à Bagdad et en Perse. Le climat de Deir-Elzor est excellent et pourtant la température dépasse parfois 48°, à l'ombre.

Il y a huit ans (1) des bateaux ottomans faisaient deux fois par an, au printemps et à l'automne, la navigation de Bagdad à Deir. Depuis cette époque, et je ne sais pour quelle raison, il n'y a plus de navigation. On voit encore, de temps à autre, sur l'Euphrate, des barques chargées de marchandises qui descendent le fleuve, de Biregik jusqu'à Deir-Elzor et Hana, sans pouvoir le remonter. Quant au mot Elzor, il a été ajouté au mot Deir par le gouvernement pour distinguer cette ville des autres cités qui portent le même nom, telles que Deir-Sem, en Arménie, Del-El-Kamar, en Syrie, et tant d'autres. *Deir*, en arabe, signifie *couvent*, et *zor*, en turc, signifie *force*. Notre Mission porte donc le nom de *Couvent de la force*, nom qu'on donne encore aujourd'hui aux forêts situées au milieu (2) de l'Euphrate et habitées par les lions.

Sur les cartes, on trouve tantôt Deir, tantôt El-Deir, tantôt Deir-Elzor, ou *Couvent de la force*, et les nomades appellent cette ville tantôt Deir-Chaar, *Couvent des cheveux* ou *des vers*, tantôt Deir-El-Hamra, qui veut dire *Couvent rouge*. Je n'ai pu trouver le véritable motif qui fait donner ces noms à notre cité ; en voici néanmoins une explication. La dénomination de *Couvent des vers* a été ajoutée au mot Deir, en souvenir de la poésie qui plaît tant à l'extatique rêveur du désert (le Bédouin est chantre et poète), et celui de *Couvent rouge* rappelle les eaux rouges de l'Euphrate.

Lors de notre voyage en Palestine, nous avons eu l'occasion d'entendre un jeune Bédouin, récitant des vers en s'accompagnant à merveille d'une cruche cassée recouverte d'une peau, sur laquelle il frappait de ses doigts avec agilité. Sa voix, d'une grande douceur, charmait la solitude. Nous ne pouvions nous lasser de l'entendre. Les pèlerins étaient ravis. (F. L.)

Quant au mot Deir (couvent), on ne s'étonne pas que plusieurs villes portent ce nom, quand on sait que ces contrées étaient habitées autrefois par de nombreux moines. Jusqu'à présent, on ne possède aucun ancien document sur cette ville.

(1) Maintenant dix, la première rédaction étant de 1889.

(2) Cette expression, qui semble étrange, est pourtant vraie, parce que l'Euphrate et le Tigre sont unis entre eux par un très grand nombre de canaux d'irrigation.

Certains historiens récents ont parlé de Deïr comme d'une ville militaire et peuplée de Turcs, de colons arabes et d'émigrants cerkesses (1), auxquels, disent-ils, est assigné un quartier spécial. Autant d'assertions erronées. Il est également question d'un pont, emporté par les eaux en 1882, qui reliait la berge occidentale, sur laquelle aurait été bâtie la cité. Tout cela est exagéré. L'on a beaucoup vanté les cotons et les tabacs de ce pays, et pourtant ils n'y sont que très rarement cultivés.

Nous nous arrêterons un instant auprès de deux villes voisines, dont l'histoire est mieux connue : Rakka et Zenobia. Rakka ne ressemble en rien aux villes grecques de Nikephorion, Kallinikon, Léontopolis, qui se succédèrent en cet endroit. On n'y remarque que quelques débris du palais bâti par Haroun-Erréchide (2), lorsqu'il en fit sa capitale. Zenobia garde le nom de l'héroïque reine de Palmyre.

La route de Deïr-Elzor est la plus courte pour aller à Bagdad, en Perse. Autrefois, on était obligé de faire un grand détour ; on débarquait à Alexandrette, en passant par Alep, Birégik, Severek, Diarbékir, Mardin, Nissibine, Eggisiret, Mossoul, Arouil, Kerbouk et Bagdad.

Avant de poursuivre notre voyage, il est bon de vous faire remarquer ce que l'on entend par jour de marche. Ainsi, quand on dit qu'une ville est à huit jours, cela signifie la route que fait un cheval en marchant au pas dix heures par jour et se reposant jusqu'au lendemain, pendant l'hiver ; pendant l'été, il fait ce même voyage la nuit. Les chameaux mettent le double de temps pendant la morte saison ; aussi leurs conducteurs, qui ne l'ignorent pas, emploient-ils ce temps à les faire paître, en attendant les beaux jours.

Au sujet du chameau, je ne puis passer sous silence les qualités, les mœurs, le caractère, si bien dépeint par sir Samuel Backer ; il dit : « Le « seul point vrai qui court chez nous sur le compte des chameaux, c'est « une excessive sobriété ; il peut rester plusieurs jours sans boire ni « manger ; il est par là d'une très grande utilité, d'une nécessité absolue « aux Arabes et aux habitants de l'Orient, qui sont obligés de traverser « d'immenses déserts où l'eau est fort rare. J'ai entendu citer le cha-« meau comme un modèle de douceur et de patience ; si docile signi-« fiait stupide, on aurait tout à fait raison. En regard du cheval et « de l'éléphant, le chameau n'est nullement docile ; tout au contraire, « cet animal ne songe pas à son maître, il ne s'inquiète pas s'il est ou « non sur son dos. Quand une fois il se met en marche, il avance de son « pas monotone, uniquement parce qu'il est trop borné pour avoir des « caprices ; mais, si quelque verte pousse l'attire hors de sa route, on ne « le verra jamais, après avoir satisfait sa gourmandise, revenir de lui-« même dans la bonne direction ; un bon coup de matraque a seul le » pouvoir de le faire avancer. La disposition haineuse de ce compagnon « du Bédouin est si prononcée que des philosophes ont attribué le carac-« tère vindicatif des tribus nomades au lait et à la chair des chameaux, « dont elles se nourrissent. Je ne me hasarderais pas à trancher une

---

(1) Les Tcherkhesses ou circassiens du Caucase.
(2) Mgr Nercès écrit toujours ainsi. Nous connaissons mieux ce kalife sous le nom de Haaroun-al-Raschid.

« question aussi épineuse ; je dirai seulement que le chamelier du désert
« et sa monture offrent assez de points de ressemblance pour justifier le
« mot d'un Arabe, qui disait un jour : « Dieu a créé le chameau pour le
« Bédouin et le Bédouin pour le chameau. ».

Après cette digression, reprenons notre route. Celle que nous avons tracée plus haut se faisait autrefois en quarante jours ; il suffit aujourd'hui de vingt-six jours par terre pour aller d'Alep à Bagdad, par Deir-El-Hafer, Mascané, Abouhrerah, Rakka, Zenobia, Sabka, Tebne, Deir-Elzor, Mayadin, Aboukamal, Hana, El-Kaïm, Erremadi et Bagdad.

Deux routes se présentent pour venir de Deir en France : la route d'Alep et celle de Damas.

Si nous prenons la route d'Alep, nous côtoyons l'Euphrate jusqu'à Mascané ; puis nous nous en séparons pour gagner Alep, Alexandrette, villes distantes l'une de l'autre de trois jours à cheval. Nous nous embarquons à Alexandrette : nous touchons à Mersin, à Smyrne, au Pirée ; nous débarquons à Marseille. C'est un voyage de quinze jours par terre et de quinze par mer.

Si nous prenons la route de Damas, nous passons par Socné, Palmyre, Karitein et nous arrivons à Damas. Une diligence nous emporte, en l'espace de douze heures, à Beyrouth, où nous nous embarquons pour Marseille. Cette route est plus longue que celle d'Alexandrette par mer.

Après avoir parlé de Deir-Elzor, nous dirons quelques mots du fleuve qui l'arrose.

L'Euphrate, plus large que la Seine, est un des quatre fleuves qui arrosaient le Paradis terrestre. Des quatre fleuves cités par l'Ecriture Sainte, il n'en reste que deux : l'Euphrate et le Tigre ; le Phison et le Géhon ont complètement disparu (1). La disparition de ces fleuves n'est pas surprenante, quand on sait qu'en Orient on découvre, de nos jours, des rivières sous des ruines, sans connaître leur source ni leur cours.

Non loin de l'Euphrate, se trouve le Kabour (2), rivière considérable qui prend sa source dans une immense grotte appelée Ras-El-Ayn, où jaillit une eau sulfureuse qui se congèle aussitôt ; c'est ce soufre que le gouvernement ottoman vend aux négociants indigènes et que l'on envoie en France. Ce nom de Ras-El-Ayn veut dire en arabe *source de la fontaine* (3), en mémoire de la source du Kabour ; mais dans l'histoire on donne à la ville le nom de Katf-El-Zouhour,

---

(1) Cette opinion n'est pas générale. Le grand voyageur Brugsch a visité l'Arménie et suivi le cours de l'Aras, l'ancien Araxe, que les Arabes appellent Djaichun-Er-Ras et les Persans d'aujourd'hui Djûn. La source de ce fleuve est dans le même massif montagneux que celles du Tigre et de l'Euphrate. Le Phison est plus difficile à retrouver, malgré l'indication fournie par le texte mosaïque : « Il fait le tour de la terre d'Hevilath où naît l'or, et l'or de cette terre est le meilleur ; on y trouve le bdellium et la pierre d'onyx. » Ce serait le Phase des anciens qui arrose la Kolkhide, où les Argonautes allèrent chercher la toison d'or (Dom Calmet, Ebers, Vigouroux). Ce dernier fleuve est un peu plus éloigné, mais sort quand même du massif arménien. D'autres préfèrent le Kur, ou Cyrus des anciens, affluent de l'Araxe.

(2) Le *Chaboras* des Grecs, l'un des grands affluents de l'Euphrate.

(3) Ou plutôt *tête de l'œil, tête de la source*.

c'est-à-dire *lieu où l'on cueille les fleurs,* parce qu'à la surface de l'eau apparaissent des fleurs que les habitants viennent cueillir et qui ressemblent aux lis jaunes (1).

Le Paradis terrestre ayant été arrosé par les eaux de l'Euphrate, je saisis cette occasion de me prononcer publiquement sur le lieu qu'habitaient Adam et Ève, question tant controversée. Je ne sais pour quelle raison les commentateurs ont attaqué ce point de l'Écriture Sainte, puisque le Paradis terrestre, d'après l'Ecriture elle-même, était arrosé par les quatre fleuves cités plus haut, dont deux à nous bien connus ont leur source tout près d'Arzeroum, une des grandes villes de l'Arménie.

La seconde preuve que j'apporte à l'appui de ma thèse est aussi tirée de la Genèse, où il est dit clairement que Dieu plaça le Paradis à Edem, du côté de l'Orient ; or, Edem est en Arménie, non loin d'Arzeroum. C'est pour ces mêmes raisons que les Arméniens se font gloire de dire que leur langue est encore la langue d'Adam et d'Ève, tradition constante et universelle, qui n'est pas une preuve à dédaigner.

On nous objectera peut-être que la langue arménienne d'aujourd'hui n'est plus la langue de nos premiers parents. Toutes les langues ont été confondues lors de l'érection de la tour de Babel. Nous répondons à cette objection par un argument tiré aussi de la tradition constante et universelle. Les Arméniens ont été invités, il est vrai, à participer à la construction de la fameuse tour ; mais ils s'y sont refusés.

Passons maintenant en revue les principales villes qui se groupent autour de Deir-Elzor.

Vous connaissez sans doute, sinon par vos propres voyages, du moins par les récits que vous en ont faits certains voyageurs européens, les magnificences, les splendeurs de Tadmor, comme l'appellent encore de nos jours les indigènes, mais qui est mieux connue en France sous le nom de Palmyre.

Cette ville se trouve à cinq jours de Deir-Elzor, entre Damas et l'Euphrate ; elle fut construite par Salomon, fils du roi David. Considérée dans ses monuments, elle est, de l'avis des meilleurs archéologues, la première ville du monde. D'innombrables colonnades de marbre, des arcs de triomphe, le temple du Soleil, des statues remarquables nous donnent à penser ce que pouvait être Tadmor. Là, comme du reste partout sur le sol oriental, les Anglais fouillent les ruines depuis vingt ans, en ayant soin d'emporter, bien entendu, tout ce qu'ils trouvent. Cette ville paraît avoir été bornée de colonnes, la plupart renversées par des tremblements de terre. Des 400 qui ornaient le temple du Soleil, une cinquantaine restent debout, et des 1500 qui formaient la grande avenue sur une longueur de plus d'un kilomètre, on en compte encore aujourd'hui 150 à peine ; malheureusement, l'œil du voyageur ne peut se reposer sur une seule des statues qui les couronnaient autrefois et qui devaient si bien rehausser l'imposante grandeur de cette avenue de marbre : car les Anglais ont tout enlevé ; mais,

---

(1) Des nénuphars.

au milieu des tombeaux, on trouve encore çà et là des morceaux de statues dont le temps n'a pas su ternir la beauté et que recouvrent des inscriptions en langues araméenne, grecque et palmyrène. Pour expliquer la prodigieuse quantité de ces statues, on se persuade que chaque mort était enseveli avec la sienne.

C'est à une dame française, parisienne, qui a fait plusieurs fois le voyage d'Orient, Mme Le Ray, si célèbre par son esprit subtil et ses connaissances géographiques, que la France devra de connaître plus à fond l'Orient en général et Palmyre en particulier. Mme Le Ray a tellement apprécié la magnificence et les beautés de ces ruines, que trois fois ne lui ont pas suffi pour en décrire les merveilles; cette dame courageuse a même dépassé Palmyre pour aller contempler les beaux rivages de l'Euphrate.

« C'est en la voyant, s'écrie Mgr Nercès, dans notre mission de
« Deir-Elzor, qu'avant de venir en France, j'ai pu me rendre
« compte du courage et de la noblesse des dames françaises. C'est
« à cette dame charitable que j'ai dû ma vie matérielle pendant
« mon séjour à Paris. Que les voyageurs Français viennent, un
« jour, nous visiter aux bords de l'Euphrate, ils sont bien certains
« de retrouver chez nous une revanche de sympathique hospi-
« talité. »

Deir-Elzor est à une distance de quinze jours de l'ancienne Babylone, aujourd'hui Bagdad (qui veut dire *Dieu donné* en persan), où, selon l'Ecriture, on construisit la fameuse tour de Babel. C'est à Korna, non loin de cette ville, que se mêlent l'Euphrate et le Tigre pour se jeter dans le golfe Persique. C'est aussi non loin de Bagdad, à Tékrit, que se trouve le gigantesque château, aujourd'hui en ruines, où naquit le fameux Saladin, et dans une des nombreuses Eski Bagdad, près de la source du Narvan, se trouve Harounye, la cité du fameux calife Haroun-Erréchide, et Samarad, qui fut, au IXe siècle, capitale de l'empire des califes.

Bagdad, dans l'histoire des califes, est connue plutôt sous le nom de Dar-El-Salam, en arabe, *Demeure de la paix*. Cette ville était autrefois très importante et attirait l'attention des conquérants. De nombreuses ruines, qui exhaussent le sol de cette cité, nous donnent une idée de son importance. Aujourd'hui encore, l'on trouve des restes de galeries dont les briques portent le nom de Nabuchodonosor; mais on travaille en vain à retrouver quelques vestiges du palais qu'habitait le fameux Haroun-Erréchide, contemporain de Charlemagne.

Bagdad ne conserve de cette époque ni sa richesse ni sa puissance; c'est à peine si, dans cette ville, on aperçoit encore les murs du tombeau de Zobeida, la femme préférée de Haroun-Erréchide.

Malgré tous les désastres qu'elle a essuyés, Bagdad est encore regardée comme une des villes les plus importantes de l'empire ottoman, et c'est encore là que l'on accumule les produits de toute l'Asie; huit bateaux turcs et anglais font le service de Bagdad à Bassora. Les dates, les légumes, les fruits, la laine, la noix de galle de cette ville sont fort appréciés de tout l'Orient. Elle a aussi de magnifiques chevaux et des ânes blancs estimés; n'oublions pas non plus de signaler, en passant, les palmiers géants qui poussent au milieu des ruines de l'ancienne Babylone.

La France généreuse soutient de son or les écoles de Bagdad, dirigées par le délégué apostolique, Mgr Altmayer, évêque de Chalcis, chevalier de la Légion d'honneur, décoré en 1884 précisément pour services rendus à la propagation de la langue française.

Les Juifs forment le quart de la population de Bagdad et conservent la langue hébraïque, qu'ils parlent aussi bien que l'arabe. Là, du reste, comme par tout le monde entier, les affaires sont entre leurs mains, et c'est pour cette raison que toute la population ferme les boutiques le jour du sabbat.

Passons maintenant, cher lecteur, à cette fameuse ville de Mossoul, sur le Tigre, à huit jours de Deir-Elzor ; c'est l'ancienne Ninive, où Dieu envoya le prophète Jonas prêcher la pénitence. Là les Anglais se pressent, comme ailleurs, à fouiller les ruines niniviennes et à emporter tout ce qui faisait la beauté des monuments assyriens. Le gouvernement turc se contente de la dixième partie. C'est un privilège concédé aux Anglais par un décret impérial de la Sublime-Porte. Le chaldéen Hormuzd-Rassam était chargé de ces fouilles.

Mossoul fait un grand commerce de noix de galle, de céréales, que les Kourdes et les Yezides apportent de Tel-Afer. Les Yezides, habitants de Sindjar, sont une secte qui rend un culte spécial au diable ; ils sont prêts à frapper celui qui en dirait le moindre mal. Tout leur culte consiste à avoir un oiseau, espèce d'autruche, que les prêtres habillés de noir, sous le nom de fakirs, font promener dans le village en dansant et en chantant au son des cymbales et des tambours. Cette secte est très attachée au clergé et aux chrétiens (lisez : schismatiques), dont elle fréquente les églises. Quand on demande aux adeptes : « Pourquoi aimez-vous le diable, que toutes les nations détestent ? » ils répondent aussitôt : « Il est vrai que Dieu s'est fâché contre Satan, mais un jour viendra où il se réconciliera avec lui ». Ils partagent le ciel en trois étages : le premier étage sera habité par eux ; le second, par leurs animaux ; le troisième, par les chrétiens. Si vous leur objectez qu'il est nécessaire d'un autre étage pour les juifs, les musulmans et autres sectes, ils vous répondent que le Ciel n'est pas une écurie pour laisser entrer toutes espèces de bêtes.

Le quartier méridional de Mossoul est dominé par un tumulus que les chrétiens et les musulmans appellent Younes-Pegamber, en turc, ou Nebi-Younes, en arabe, c'est-à-dire le prophète Jonas. C'est à cet endroit, disent-ils, qu'est enseveli ce prophète.

C'est à M. Hormuzd-Rassam qu'on doit la découverte, en 1879 (1), d'un reste du palais de Sennakérib, sur le tumulus de Jonas. C'est aussi non loin de cette ville de Mossoul qu'habite, dans un village de Kotek-Hanné, sur la montagne de Hakkariet, Mar-Chamoun, c'est-à-dire le maître ou Saint-Simon, patriarche des Nestoriens, élu à l'âge de douze ans. On ne s'étonne pas de cette nomination, quand on sait que chez eux la fonction de patriarche est héréditaire. Le patriarche est très vénéré de ses coréligionnaires. Pour

---

(1) Les premières découvertes du palais de Sennakérib, sur le tumulus de Koyoundjik, par le voyageur anglais M. Layard, sont déjà plus anciennes de vingt ans. Cela n'enlève pas le mérite des fouilles récentes.

entrer chez lui, tous ses prêtres, tous ses évêques, doivent se mettre à genoux sur le seuil de la porte pour lui baiser les pieds. Les murs de sa chambre sont tapissés d'armes, dont il se sert avec ses évêques et ses prêtres pour faire assaut sur l'ennemi.

Après avoir parlé de Palmyre, de Bagdad, de Mossoul, arrivons à Mardin (1), en Mésopotamie, loin de huit jours de Deir-Elzor et à deux jours du Tigre.

C'est sur les montagnes de Mardin, qu'on appelle Djebel-Aphes, c'est-à-dire *montagne des noix de galle*, que tombe encore aujourd'hui la manne céleste qui tombait au temps des Israélites. C'est pour la première fois, je crois, que ce fait est cité en France (2). La manne dont je parle est une rosée sucrée qui tombe sur les arbres et qu'on ne doit pas confondre avec la manne médicale, espèce de résine tirée des arbres et connue en Orient sous le nom de manne européenne. Les habitants de Mardin font tomber cette rosée céleste avec des bâtons et s'en servent au lieu de sucre ou de miel. Cette ville de Mardin, riche en mosquées, est habitée par des mahométans et par des chrétiens de tous les rites, c'est-à-dire chaldéens, syriens, jacobites, arméniens et protestants. La langue dominante est l'arabe. Comme types, les habitants de Mardin sont renommés pour leur beauté (3). Une fraction de Jacobites qu'on appelle *chamssié*, c'est-à-dire *appartenant au soleil*, habite cette ville. On prétend que cette secte adorait autrefois les étoiles, et c'est probablement pour cette raison qu'ils ont l'habitude de faire le signe de la croix au coucher du soleil. C'est un mélange de fanatisme et de christianisme. Aujourd'hui, on les considère comme Jacobites, c'est-à-dire imitateurs de Jacques, disciples d'Eutychès (4).

Près de Mardin, se trouve la cité byzantine de Dara, où l'on voit encore de nombreuses arcades, des colonnades, des tours crénelées. Aujourd'hui, cette ville n'est habitée que par des familles kourdes et arméniennes.

Non loin de là se trouvent Midyat, métropole des Jacobites, et Nisibine, l'antique Nisibis, résidence de Tigrane, roi d'Arménie.

---

(1) C'est le pays natal de Mgr Nercès.

(2) Certainement, M. Vigouroux n'avait pas lu, en 1880, la conférence de Mgr Nercès, lorsqu'il écrivait dans le *Manuel biblique*, 1, p. 306, presque avec les mêmes expressions : « On rencontre dans certaines parties du désert du Sinaï, « une manne naturelle comestible ; les Bédouins l'appellent *manna essemma* « ou *manne céleste*. C'est une gomme blanchâtre exsudant une odeur parfumée, « qui découle du tamaris, *tamaris mannifera*, qui croît au Sinaï, dans l'Arabie « Pétrée, en Moab et Galaad ; elle a le goût du miel. » Ce fait était déjà signalé avant l'an 1482 par le Carme Nicole le Huen, de Pont-Audemer : « Cette manne « choit à l'aube, en manière de pruine et de rosée. » Les voyageurs modernes, notamment Ritter, 1848, ont signalé ce même fait. La citation de Mgr Nercès prouve qu'il en tombe aussi sur les montagnes de Mésopotamie. Ce fait perpétue le souvenir de la manne du désert ; mais on ne saurait en conclure que la manne miraculeuse fût de même espèce.

(3) Nous avons eu le plaisir d'admirer en France l'un des plus beaux types de cette beauté de la race assyrienne dans la personne de Mgr Nercès lui-même, né à Mardin.

(4) Eutychès, moine de Constantinople, confondait les deux natures du Sauveur ; il fut condamné, en 451, au concile de Chalcédoine.

Les traditions des croisades nous apprennent que le titre de roi d'Arménie fut vaillamment conquis par les comtes de Lusignan qui, depuis, y joignirent ceux de Jérusalem et de Chypre. Vaincus par Saladin, chassés, déchus, dépouillés par ses successeurs, ils n'ont cessé de revendiquer leurs droits par les armes tant qu'ils furent maîtres de les employer, par la politique depuis : droits et titres contestés, d'ailleurs, par les ducs de Savoie, rois de Sardaigne, de Chypre et de Jérusalem, qui paraissent oublier le tout pour le titre écrasant de rois d'Italie.

Princes de Lusignan, vous réclamez votre couronne et votre sceptre, votre trône et vos sujets ! Vos aïeux, partis de France, conquirent leur gloire, l'épée au poing. Partez à votre tour ; n'attendez plus un sourire du Tsar ou du Turc, de l'Egypte ou de l'Angleterre : souvenez-vous de Robert-le-Beau, Bras-de-Fer, neveu de Hugues V, qui, l'an 1063, avec d'autres jeunes seigneurs croisés en Palestine, fondait l'ordre hospitalier-militaire de Sainte-Catherine du Mont-Sinaï, s'engageant à protéger les pèlerins durant la traversée du désert ! Nos pèlerins ont su retrouver le chemin de la Terre-Sainte ; à vous, princes, de les guider ! Quel honneur pour le roi Michel de relever de la sorte son royaume pacifique et de préparer pour plus tard une restauration dont la France convertie se portera garante ! Quel honneur pour la princesse Marie d'être la Mélusine inspiratrice des nouveaux Arméniens ! Quel mérite enfin pour l'archevêque de Béhiktach, l'éminent prince Korène Nar-Bey de Lusignan, d'entrer résolument dans la voie de l'union catholique ouverte par Sa Béatitude le patriarche Hassoun, de glorieuse mémoire, et par son successeur Azarian ! Qui mieux entraînerait les peuples et triompherait des dernières hésitations ? Lui, l'Arménien de sang pur, révélant par la finesse de ses formes et de ses traits, une origine toute aristocratique. Son sourire est fascinateur et sa voix sympathique ; ses longs cheveux noirs, sa barbe noire et épaisse encadrent un visage imposant, éclairé par un front noble, élevé, par des yeux vifs et profonds. Tout son être est empreint de la plus grande distinction.

Le lecteur nous pardonnera cette digression en faveur d'une famille à laquelle, nous l'espérons, le Seigneur réserve pour l'avenir une mission bénie.

De Mardin à Ourfa, la distance est de huit jours. Ourfa, c'est l'ancienne Edesse des Croisés. Un magnifique château, de nombreuses forteresses sur la frontière, bâties par Justinien, des coupoles, des minarets, ornent la ville. A la base du château, jaillit une source qui remplit un étang sacré, vénéré des chrétiens, des juifs et des musulmans. On y remarque aussi une mosquée consacrée au patriarche Abraham, le Kalil, c'est-à-dire *l'ami de Dieu*.

La ville d'Ourfa possède encore quelques restes du palais des princes de Courtenay, gouverneur d'Edesse au temps des croisades. Au sud de la ville, l'œil découvre la cité de l'ami de Dieu, Harran, l'antique Charré des Grecs, qui est, d'après la Genèse, la ville d'Abraham. C'est à Edesse que Notre-Seigneur envoya son portrait à Abgar (1), roi d'Arménie.

L'histoire d'Arménie nous parle d'une correspondance entre Notre-Seigneur et ce saint roi ; le Nouveau-Testament y fait également allusion. Dans sa lettre, Notre Seigneur promet au roi de ne jamais envoyer à sa ville aucun fléau, et la tradition cons-

---

(1) Mgr Nercès écrit Abgard. On trouve dans Eusèbe Abgaros, et dans les auteurs français Abgar, Augar, Agbar.

tante, dit que jamais on n'a vu dans Ourfa la moindre maladie pestilentielle.

Le désert qui entoure cette ville est sans cesse sillonné par des peuplades nomades, telles que les Bédouins. Ceux-ci se nourrissent de blé à peine broyé, de riz, de lentilles, de laitage et très rarement de viande ; aussi vivent-ils longtemps, et leurs dents restent d'une blancheur remarquable. Ils croiraient manquer aux lois de l'hospitalité s'ils n'offraient du café toutes les demi-heures à ceux qui viennent les visiter. Ils sont, d'ailleurs, très hospitaliers ; dès que vous arrivez chez eux, le café est aussitôt mis sur le feu et les femmes se mettent à faire le pain, qu'elles cuisent dans des vases en tôle. Jamais, chez eux, le café n'est laissé sur le feu ; on le fait à chaque instant, à l'arrivée d'un étranger (1), et pour le préparer on ne se sert, pour tout combustible, que de bouses desséchées de vaches et de chameaux. Il faut aussi remarquer que les vases où l'on prépare le café ne sont jamais lavés, mais simplement essuyés à l'extérieur (2). D'après eux, en effet, le café ne saurait supporter l'eau.

Le droit d'asile est encore absolu chez eux. Un individu, quelque criminel soit-il, est gracié s'il parvient à s'introduire chez eux, à saisir un pan de l'habit du maître de la maison ou du gourbis, en disant : « Dakalt-Alayk », *je me suis réfugié chez vous*, et si le maître répond : « Hayak-Allah », *Dieu vous a donné la vie* ; celui qui a bénéficié de pareille hospitalité peut alors parcourir en toute sûreté la tribu, pourvu qu'il soit cependant accompagné d'un guide, que les Arabes décorent du titre de *wageh*, c'est-à-dire *figure*. Ce wageh n'est plus une garantie, une fois franchies les limites de la tribu ; aussi l'heureux gracié sait-il bien alors s'assurer un nouveau guide, dans l'intérêt de sa sécurité.

Mais revenons à nos Bédouins (3), et, cette fois-ci, surprenons-les à table ; nous les voyons assis en cercle, les uns sur des nattes, les autres (ce ne sont pas les moins nombreux) sur la terre nue. On sert les mets dans une vaste assiette de cuivre ; ils attaquent chacun de son côté, mettant leurs doigts dans le plat, et se gardant bien de les laver après le repas ; ils se bornent à les essuyer à leur chemise ou à leurs cheveux, qu'ils enduisent ainsi d'une pommade composée de beurre et de graisse. La chemise, leur unique vêtement, n'est jamais lavée ; aussi, tandis que ces étoffes devraient être blanche pour les hommes et bleue pour les femmes (4), elle se présentent toujours, et pour les deux sexes, sous l'aspect d'un noir crasseux. Ces nomades vivent sous la tente ; si, par hasard, ils pénètrent dans une maison, ils en sortent bientôt précipitamment, persuadés que le toit pourrait tomber sur leurs têtes. L'endroit où ils vivent, vient-il à manquer d'herbe, ils divorcent avec

---

(1) C'est un usage assez général dans tout l'Orient, dans l'empire Ottoman et jusques en Vénétie.

(2) Pas de bon café sans cela.

(3) Nous avons vu les plus beaux types sur les bords du Jourdain, dans les environs des vasques de Salomon et dans nos courses à travers le désert de la Samarie (Palestine) (F. L.)

(4) Comme nous les avons vues à Nazareth.

lui et vont camper plus loin : ainsi se passe leur vie. Malgré cette grossièreté apparente de mœurs, les nomades font preuve d'une grande perspicacité d'esprit et d'une intelligence remarquable ; ils ont l'œil vif et l'oreille si fine qu'en l'appliquant contre terre, ils discernent très facilement, et à de très longues distances, le piétinement des chevaux ennemis.

Ces peuplades nomades se répartissent en deux tribus : les Anasé et les Chammart ; ceux-ci habitants de la Mésopotamie ; ceux-là du désert de Damas. L'Euphrate les sépare donc, et le franchir serait une déclaration de guerre ; aussi la Sublime-Porte s'y oppose-t-elle formellement.

Ces deux tribus ne vivent que du gain de l'aurore, ou, pour plus de clarté, de pillages mutuels qu'elles se font à l'aube et que les indigènes appellent *chasb-eddaha*.

La nation arménienne se flatte d'être sincèrement attachée à la France ; elle reconnaît avec bonheur que ses progrès dans la civilisation, durant ce siècle surtout, elle les doit à cette France généreuse. Dans toutes les grandes villes, où l'on peut trouver quelques sommes pour fonder une école, c'est la langue française qui est enseignée la première. Allez à Constantinople, en Egypte, en Syrie, aux foyers des familles arméniennes aisées, partout vous entendrez parler la langue française, et tel ne sera réputé savant qu'autant qu'il aura étudié à fond, non pas le turc, l'arabe, l'arménien, mais le français.

Au triple point de vue commercial, politique et intellectuel, les Arméniens sont les premiers en Orient ; aussi les trois empires ottoman, perse et russe leur distribuent-ils, sans compter, les emplois les plus élevés. C'est également à ces avantages que les Arméniens doivent à la Sublime-Porte des faveurs préférées. Esprits ouverts et libres, les Arméniens ont un grand amour de l'instruction et une surprenante initiative dans le commerce et l'industrie.

Une dame protestante, dont le style rappelle Châteaubriand, sauf en un point, car elle est peu favorable aux catholiques, quoiqu'au fond beaucoup plus catholique qu'elle ne le croit, Mᵐᵉ de Gasparin, dans son *Voyage à Constantinople*, parle souvent des Arméniens. Voici, p. 155 et 238, le tableau qu'elle trace d'une famille arménienne :

« Les Arméniens occupent Stenia, dont voici les terrasses et les grands
« arbres. Là, se sont conservées les mœurs des patriarches. On y trouve,
« comme aux temps bibliques, le respect pour le père, l'obéissance à la
« mère, une exquise pudeur, des naïvetés presque enfantines et l'ido-
« lâtrie de l'honneur. Il y a de nobles figures de matrones, très régu-
« lières et très brunes, sous le mouchoir de soie ou la couronne de bibiles
« qui cache à demi les cheveux ; leur taille droite rappelle la tige du
« palmier. Les jeunes filles ressemblent aux saintes images des vierges
« byzantines, placides sous une gloire d'or. Lorsque ces natures primi-
« tives se mettent à aimer, elles donnent tout leur cœur, avec cette
« bonne grâce et ces politesses orientales dont nos grosses affections
« européennes se passent volontiers, non sans y perdre quelque poésie
« peut-être. Le don de poésie est inné chez ces races aimées du soleil,
« les sentiments s'y exhalent en vers libres ; telle émotion qui ne se
« hasarderait pas au travers du langage vulgaire ; tel événement dou-
« loureux dont les lèvres muettes ont gardé le secret, tout à coup

« s'échappent en strophes harmonieuses, dérobées à demi sous l'emphase
« de l'inspiration.
« Le marchand arménien parle le français. Si le Turc reste impassible
« et obstiné, lui, non moins loyal, sait à propos résister ou fléchir. Sans
« se lasser jamais, il ouvre ses coffres, fouille aux tiroirs. Il est gentil-
« homme et courtois, ce qui ne l'empêche pas d'entendre ses affaires. »

La nation arménienne doit être sincèrement reconnaissante au gouvernement Ottoman pour la préférence marquée dont elle bénéficie, et en particulier, de cette belle liberté du culte, dont il a laissé jouir les Arméniens en tout temps et en tout lieu.

Les supérieurs ecclésiastiques connus sous le nom de *Mourakas*, sont ordinairement investis du *beraat* impérial, qui protège les chrétiens et en particulier les Européens étrangers. Ces Mourakas sont tellement respectés de la Sublime-Porte, qu'il n'est pas une autorité locale qui puisse intenter un procès, je ne dis pas contre eux seulement, mais contre le dernier de leur clergé. Ce jugement ne peut être, en effet, porté que par le tribunal du sultan lui-même.

Nous empruntons, en son entier, la pathétique péroraison du missionnaire :

La nation arménienne vous doit donc un grand nombre de missionnaires qui parlent le français et qui ont fait leurs études dans les séminaires de France. C'est ainsi que plusieurs d'entre nous, avons fait notre séminaire chez les Révérends Pères Jésuites, à Ghazir, au mont Liban. Depuis plusieurs années, le gouvernement français les indemnisait d'une certaine somme. Les Arméniens doivent donc à la France et leurs écoles et leurs maîtres.

Nos églises, Mesdames et Messieurs, sont bâties de vos aumônes, tapissées de vos ornements. Nos pauvres, nos malades, sont nourris de votre pain. Pour ces motifs nous n'hésitons pas, nous, Arméniens, à nous dire Français-Arméniens.

Quel que soit le point de vue considéré, moral ou matériel, nous dépendons totalement de vous. C'est grâce à vous, grâce à la nation française, que nous vivons, et si nous avons encore une goutte de sang dans les veines, c'est assurément le sang français. Vous ne sauriez, d'ailleurs, souffrir, nous en sommes convaincus, qu'un autre sang entretienne notre vie.

Nous faisons des vœux pour que cette belle langue française, malgré les efforts tentés en sens contraire par d'autres puissances, se répande en Orient, et partout, de plus en plus, de manière à devenir le contre-pied de la tour de Babel.

Pour vous, intrépides voyageurs, explorateurs de l'Orient, quand vous viendrez visiter le pays qu'habitaient autrefois nos pères, cette patrie d'Abraham et des patriarches, vous serez fiers de retrouver chez nous des hommes qui parlent votre langue. Oui, Mesdames et Messieurs, j'aime à le lui prédire, la langue française sera toujours ce qu'elle a toujours été, la langue de l'union et de la charité.

Les Arméniens se font une gloire de la parler, à tel point que ceux qui ne la connaissent pas cherchent à mêler quelques-uns de ses mots à l'arabe, au turc, à l'arménien : ainsi, budget, parapluie, parasol, banque, bonjour, bonsoir. Il y a trente ans, on disait : *bonjourno* et *bonasera*. Aujourd'hui, l'on dit clairement : *bonjour* et *bonsoir, monsieur*. Unissons-nous donc pour remercier Sa Majesté Abdul-Hamid-Khan, qui répond si bien aux désirs de ses sujets et tout particulièrement des Arméniens, en leur procurant les moyens nécessaires d'apprendre votre langue.

Remercions aussi Sa Béatitude Monseigneur Azarian, patriarche arménien catholique de Cilicie, dont la résidence est à Constantinople, qui, grâce à l'admirable protection de Sa Majesté le sultan Abdul-Hamid-Khan, le pacifique souverain ottoman, ne cesse de procurer à la nation tous les moyens d'arriver à la science et à la civilisation. Sa Béatitude, si bien connue en Europe pour son activité et le zèle qu'elle déploie à propager le catholicisme, à fonder des missions dans son patriarcat et à favoriser les Œuvres françaises, a su si bien se distinguer par un esprit pratique et populaire, qu'elle a mérité à bon droit plus que tous ses prédécesseurs, l'estime et l'amour de ses ouailles. Malheureusement, les ressources dont elle dispose, ne répondent pas aux besoins de ses nombreuses missions.

Il y a huit ans, Sa Béatitude m'envoya fonder la mission de Deir-Elzor sans pouvoir me munir des ressources nécessaires. Malgré les 1,200 fr. que j'ai reçus de France, il y a deux ans, j'ai dû patienter longtemps, comptant sur de nouveaux secours. Aujourd'hui, pressé par des dettes que j'ai contractées pour bâtir une bien pauvre chapelle, je me suis vu forcé de demander à Monseigneur le patriarche l'autorisation de venir solliciter en personne la charité française. Je suis encore sans une école, sans une église, sur un territoire aussi grand que la France.

Je compte donc sur la charité de tous, sur la vôtre, Mesdames ; sur l'allocation de la Société de Géographie, pour fonder deux écoles, l'une pour les garçons et l'autre pour les filles (1), et un petit hôpital pour les étrangers, en particulier pour les Européens qui vont à Bagdad et en Perse.

Je suis persuadé que vous ne refuserez pas une obole à une mission qui se fait gloire de propager l'influence française, pour qu'il me soit permis de dire avec le poète :

Tout homme à deux pays, le sien et puis la France !

J'ai moi-même accompagné Mgr Nercès, en 1889, durant plusieurs mois. Depuis, j'ai continué, soit en France, soit à l'étranger, à procurer des ressources pour la mission de Deir-Elzor. C'est de cette mission que nous nous occupons exclusivement en ce moment.

L'on nous demandera si les quêtes abondantes du vénéré Supérieur lui ont permis de réaliser ses projets. Les lettres venues de Mésopotamie nous tiennent au courant des premières bâtisses, qui s'élèvent à souhait. Nous pouvons montrer les témoignages sincères qu'il nous a prodigués, et cependant bien faibles et bien minimes ont été les ressources que, de

---

(1) Avant cette fondation, les enfants des catholiques étaient obligés d'aller aux écoles musulmanes. Nous ne pouvions laisser plus longtemps ces pauvres enfants entre les mains de maîtres bienveillants sans doute, puisque le padischah commande, mais contraires à nos croyances.

loin en loin, nous avons pu lui faire parvenir pour sa mission. Nous comptons sur la bonté de Dieu et sur sa divine protection pour que nous puissions encore travailler longtemps au bien de nos frères en Jésus-Christ.

Puissions-nous, en même temps, réaliser le vœu d'un autre bien regretté Supérieur, d'origine française, dont toute la vie s'est passée à lutter contre vents et marées sans pouvoir arriver à l'accomplissement de son rêve : la création de nouveaux centres d'orphelinats français et d'écoles apostoliques françaises destinées à ces missions d'Orient. Espérons qu'au ciel il sera plus puissant ; déjà l'avenir s'annonce mieux !

Nous osons espérer en la charité des fidèles qui, par les aumônes et par l'assistance de leurs prières, nous aideront à parvenir à notre double but, pour la plus grande gloire de Dieu, de la Vierge Marie et de tous nos Saints.

Terminons ce petit travail par la prière de saint Augustin, que nous avons mille fois plus de motifs à répéter que le saint docteur : « Cher « lecteur, si, en lisant cette petite notice, vous remarquez des incorrec- « tions et des fautes, même très nombreuses, faites grâce, je vous prie, « à la parole en faveur du sujet. » Car, ajouterons-nous, nous ne sommes nullement expert dans cette langue que nous avons essayé de bégayer en faveur de nos œuvres.

Nous voilà arrivé au terme de notre voyage en Syrie et en Mésopotamie ; nous pouvons donc invoquer Dieu pour tous les voyageurs : « O Dieu protecteur des enfants d'Israël, qui leur avez fait traverser la « mer Rouge à pied sec, qui avez indiqué aux Mages, par la lumière « d'une étoile, le chemin qui conduisait à vous, daignez nous accorder « un voyage heureux, un temps serein, afin que, sous la conduite de vos « Anges, nous arrivions au lieu où nous allons, et qu'ensuite nous « parvenions heureusement au port du salut éternel. » *(Ave, Maria. omnis spiritus laudet dominum).*

Frère LÉONCE, M. C., O. S. B.

19 mai 1891.

P.-S. — Nous ne pouvons passer sous silence, à la fin de notre petit travail, la légende, aussi naturelle que spirituelle, qui nous a été contée dans les familles arméniennes et maronites, légende qu'un aimable poète nous a traduite en vers charmants :

Les Roses de Noël

Dans une grotte sombre où de la stalagmite
Rayonnent les cristaux, vivait un saint ermite.
Comme autrefois Jésus descendu parmi nous
Pour bénir et sauver les peuples à genoux,
D'un mot aux pauvres gens, il charmait leurs souffrances ;
Comme on sème des fleurs, il semait l'espérance.
Rien qu'à le voir sourire on était consolé ;
Il parlait, et le ciel s'entr'ouvrait dévoilé ;
Il étendait les mains, tout devenait lumière ;
Il tombait à genoux, tout devenait prière ;
Il touchait le malade et le mal s'enfuyait ;
Il regardait l'aveugle et l'aveugle voyait.
Car le souffle de Dieu voltigeait dans l'espace,
Et le peuple disait : Voilà le saint qui passe

Vers le temps qu'advenaient ces faits miraculeux,
Une femme et son fils, bel enfant aux yeux bleus,
Chérubin que le ciel enviait à la terre,
Habitaient sous une chaume antique et solitaire.
Deux fois dans le sillon, les blés avaient mûri ;
Les roses au soleil deux fois avaient fleuri,
Et jeté dans la brise un parfum éphémère,
Depuis que cet enfant souriait à sa mère.
Or, un jour qu'il dormait, la mort passa par là,
Et l'âme de l'enfant vers le ciel s'envola.
Pauvre mère, longtemps elle croit qu'il sommeille ;
Le front est rose encore et la lèvre vermeille ;
Le regard maternel caresse tour à tour,
Des lèvres et du front l'harmonieux contour ;
Puis, pour mettre un baiser sur l'enfantine bouche,
Elle entr'ouvre les bras, prend son fils dans la couche.
Soudain, elle s'arrête et jette un cri d'effroi :
Pourquoi ce petit corps est-il rigide et froid ?
Pourquoi le sang dort-il sans force dans l'artère ?
La pauvre femme alors comprit l'affreux mystère ;
Elle ne pleura pas : car les grandes douleurs
Sont, comme les déserts, sans rosée et sans fleurs.
Sous un voile elle met son fils dans la corbeille
Qui formait son berceau ; puis, l'œil fixe, elle veille
Priant Dieu d'emporter sa vie ou sa raison.
Quand tout à coup l'on frappe au seuil de la maison.
« — Ouvrez, dit une voix, bonne femme, ouvrez vite ! »
Elle ouvre ; un homme entra : c'était le saint ermite.
La mère, en le voyant, eut un rayon d'espoir ;
Mais ne dit rien, pensant qu'il devait tout savoir.
Il avait dans la voix cette douceur divine,
Langage des élus, où le ciel se devine.
« — C'est demain, lui dit-il, le saint jour de Noël,
Jour où naquit Jésus ! Pour orner son autel,
De roses je voudrais former une guirlande.
Ces fleurs, vous les avez, et je vous les demande. »
On était en décembre ; il neigeait justement.
La pauvre mère écoute avec étonnement :
« — Des fleurs en ce temps-ci ? Des fleurs ? Je crois rêver.
C'est au Paradis seul qu'on pourrait en trouver ! »
L'ermite, cependant, lui répond impassible :
« — A cœur vraiment chrétien, il n'est rien d'impossible !
Quel est, ajouta-t-il, le berceau que voilà ?
Sont-ce pas des fleurs que vous me cachez-là ?
Ce serait pour les cieux montrer bien peu de zèle ! »
C'est ainsi que parlait l'homme de Dieu. Mais elle,
Tremblant à son aspect, comme au vent un roseau,
Palpitante, à pas lents, s'approche du berceau
Et soulève le voile. O miracle ! ô merveille !
Elle tombe à genoux ; car l'enfant, qui s'éveille,
Sourit dans le berceau, de roses plein les mains.
« Cy finit la légende escrite ès parchemins. (1) »

F. DOM LÉONCE, M. C., O. S. B.

---

(1) N'est-ce pas la légende d'Elie et d'Elisée, celle de l'enfant de Sarepta ou de Sunam, rajeunie au foyer des Maronites ?

CONCLUSION

Ma tâche est accomplie.

L'on me pardonnera deux alinéas de plus.

J'eus l'honneur de faire la connaissance de Mgr Nercès, durant son passage à Bordeaux. Ce beau prêtre me ravit par sa digne prestance, l'affabilité de ses manières et l'étendue de son savoir.

On a dû remarquer qu'il ne dit rien, dans sa conférence, sur l'Arche de Noë. Pourtant, peut-on parler de l'Arménie sans nommer l'Ararat, cette haute montagne où s'arrêta l'Arche? Je lui demandai ce qu'il pensait de la nouvelle, vraie ou fausse, qui, naguères, avait couru les journaux. On prétendait que des voyageurs venaient de retrouver l'Arche ou, du moins, une énorme carcasse de bois formant, sur les pentes de la montagne traditionnelle, une caverne recouverte de graviers. C'est vrai : les auteurs ecclésiastiques des premiers siècles parlent de l'Arche comme d'un monument dont les restes se voyaient encore de leur temps. Mais que s'est-il passé depuis ? Mgr Nercès me répondit qu'il n'avait pas entendu parler de cette découverte et qu'il craignait bien soit un mensonge, soit une illusion.

A mon tour, je joins mes instances à celles de Mgr Nercès et du Frère Léonce ; le motif que je vais alléguer est tout à fait inattendu : la reconnaissance des chrétiens français.

Pour qui demande-t-on des secours ? Pour les chrétiens de Babylone et d'Arménie.

Or, parmi les apôtres de la Gaule, les traditions grecques, latines, celles de Provence et d'Aquitaine, nomment saint Eutrope, qui, d'après ces mêmes traditions, était le fils d'un roi de Babylone nommé par les légendes l'admirald Assuérus, mais dont le vrai nom est peut-être Tiridate, l'un de ces Arsaces (roi vigilant), dont la chronologie est si difficile à préciser. Eutrope, fils d'Assuérus et d'une juive nommée Guina (*oin*, œil), connaît Notre Seigneur durant un voyage à Jérusalem, pays de sa mère, favorise l'établissement du christianisme à Babylone, dont saint Abdias est le premier évêque, dont saint Simon, saint Jude et saint Mathieu sont les premiers Apôtres. Mais la guerre est continuelle en Mésopotamie ; le roi son père est détrôné, les Apôtres mis à mort, les chrétiens persécutés. Eutrope se rend auprès de saint Pierre, à Antioche, l'accompagne à Rome, fait partie des diverses missions des Gaules ; il évangélise la Provence et l'Aquitaine ; Orange le réclame pour son premier évêque ; mais il quitte ce siège pour recommencer son apostolat et meurt martyr à Saintes, où l'on vénère ses reliques et son tombeau.

Nous ne rendrons jamais à la Babylonie tout ce qu'elle nous a donné ! Quelque peu d'or, au prix de la foi !

L'Abbé H^{te} CAUDÉRAN.

www.ingramcontent.com/pod-product-compliance
Lightning Source LLC
Chambersburg PA
CBHW060634050426
42451CB00012B/2587